Eis am Stiel

Love Food ® is an imprint of Parragon Books Ltd

Entwurf und Realisation: Pene Parker und Becca Spry
Text: Sunil Vijayakar
Fotos: Karen Thomas

Parragon Books Ltd
Chartist House
15–17 Trim Street
Bath BA1 1HA, UK

Realisation der deutschen Ausgabe: trans texas publishing, Köln
Übersetzung: Lisa Voges, Ravensburg
Lektorat: Sebnem Yavuz, Erpel

ISBN 978-1-4748-0578-0

Printed in China

Hinweis

Sofern die Schale von Zitrusfrüchten benötigt wird, verwenden Sie unbedingt unbehandelte Früchte. Sind Zutaten in Löffeln angegeben, ist immer ein gestrichener Löffel gemeint: Ein Teelöffel entspricht 5 ml, ein Esslöffel 15 ml. Sofern nicht anders angegeben, wird Vollmilch (3,5% Fett) verwendet. Es sollte stets frisch gemahlener schwarzer Pfeffer verarbeitet werden. Bei Eiern und einzelnen Gemüsesorten, z. B. Kartoffeln, verwenden Sie mittelgroße Exemplare. Schwangere und stillende Frauen sollten auf Erdnüsse und Erdnussprodukte verzichten. Allergiker sollten darauf achten, dass manche der für die Rezepte verwendeten Fertigprodukte Nüsse enthalten können. Bitte lesen Sie immer die Packungsaufschrift. Die angegebenen Zeiten können von den tatsächlichen leicht abweichen, da je nach verwendeter Zubereitungsmethode und vorhandenem Herdtyp Schwankungen auftreten.

Inhalt

Eis am Stiel selbst herstellen

Alles begann im Jahr 1905 in San Francisco, als der 11-jährige Frank Epperson ein Glas Limonade mit Rührstäbchen darin auf der Veranda vergaß. Da die darauffolgende Nacht lausig kalt war, fand Frank am nächsten Morgen eine gefrorene „Limonade am Stiel" vor.

Der Rest ist Geschichte, und heute gibt es Eis am Stiel oder Eispops, wie man auch sagt, in allen Formen, Farben, Geschmäckern und Größen. Die einfachsten Eispops bestehen aus gefrorenem Fruchtsaft, die etwas raffinierteren aus mehreren Schichten und Farben.

Mit einem Minimum an Ausrüstung und Aufwand können Sie auch zu Hause wunderbares Eis mit verschiedenen Aromen, Texturen und in unterschiedlichsten Formen zubereiten. Die Herstellung von Eis am Stiel ist übrigens auch eine tolle Art, Kinder ans Kochen heranzuführen und für die Zubereitung leckerer selbst gemachter Speisen zu begeistern.

Läuterzucker

Eis am Stiel kann aus fast jeder Frucht oder anderen aromatischen Zutaten hergestellt werden. Das Geheimnis, was das meiste Eis so weich und samtig macht, ist die Verwendung von Läuterzucker. Diese konzentrierte sirupartige Zuckerlösung sorgt dafür, dass der Gefrierpunkt der Flüssigkeit abgesenkt wird, und wirkt als eine Art Bindemittel zwischen den Eiskristallen. Wenn man also Läuterzucker in die Grundzutat mischt oder darin auflöst, erhält das Eis eine glatte, weiche Konsistenz, und die Aromen werden gleichmäßig verteilt.

Ergibt: 250 ml
Zubereiten: 5 Minuten
Garen: 8–10 Minuten
Abkühlen: 60 Minuten

- **100 g Feinstzucker**
- **200 ml Wasser**

1. Zucker und Wasser in einen kleinen Topf geben und bei kleiner Hitze 6–8 Minuten rühren, bis sich der Zucker vollständig aufgelöst hat.
2. Die Hitze erhöhen und den Sirup zum Kochen bringen. Dann die Hitze auf mittlere Stufe reduzieren und den Sirup 3–4 Minuten köcheln lassen.
3. Den Topf vom Herd nehmen und den Sirup bei aufgesetztem Deckel vollständig erkalten lassen.
4. Läuterzucker hält sich, abgefüllt in eine saubere Schraubflasche, bis zu 1 Woche im Kühlschrank.

Ausstattung

Zur Herstellung von Eis werden nur sehr wenige Utensilien benötigt. Neben Eisförmchen und Stielen ist das wichtigste Gerät ein Mixer, mit dem Fruchtmischungen und andere Zutaten püriert werden. Wenn Ihr Eis eine samtig glatte Textur haben soll, benötigen Sie außerdem ein feines Haarsieb, um die Mischungen zu passieren und so Kernchen oder harte Fasern zurückzuhalten. Und, na klar, Sie brauchen natürlich ein Gefrierfach!

Förmchen

In Verbrauchermärkten, im Küchenfachhandel oder im Internet gibt es ein riesengroßes Angebot an Eisförmchen in den unterschiedlichsten Formen und Größen. Aber es geht auch ohne: Mit etwas Kreativität können andere gefriergeeignete Formen wie Ramequin- und Flammeriförmchen, kleine Papierförmchen oder kleine, schmale Gläser verwendet werden. Das Einzige, was Sie hierbei beachten müssen, ist, dass der obere Durchmesser des Behälters mindestens so groß wie der untere sein sollte, damit sich das Eis am Stiel leicht aus der Form herauslösen lässt.

Stiele

Die meisten im Handel erhältlichen Eisförmchen haben in den Deckel integrierte Stiele. Sie können aber auch Eis- und Lollistiele aus Holz oder Kunststoff oder sogar halbierte Schaschlikstäbchen aus Holz verwenden. Weitere, ausgefallenere Eisstiele sind Zimtstangen oder Zitronengrasstängel.

Technik und Tipps

Stiele fixieren

Wenn Sie Eisförmchen mit integrierten Kunststoffstielen haben, folgen Sie einfach den Angaben des Herstellers. Wenn Sie alternative Förmchen verwenden, müssen Sie dafür sorgen, dass die Stiele beim Gefrieren gerade in der Eismischung stehen bleiben. Das geht am einfachsten, wenn Sie die gefüllten Förmchen mit Alufolie abdecken und mit einem spitzen Messer einen kleinen Schlitz in die Mitte stechen. Nun können die Stiele gerade in die Eismasse gesteckt werden, ohne dass sie zur Seite kippen. Wenn die Eismasse sehr dünnflüssig ist, sollte sie eventuell 1 Stunde vorgefroren werden, bis sie halb fest ist. Nun können die Stiele problemlos gerade hineingesteckt werden.

Förmchen füllen

Denken Sie immer daran, dass eine Eismasse auf Wasserbasis sich beim Gefrieren ausdehnt, weshalb die Förmchen höchstens bis etwa 5–15 mm unter den Rand gefüllt werden sollten. Ebenfalls berücksichtigen sollten Sie, dass sich Mischungen mit Cola, Limonade oder Soda aufgrund ihres Kohlensäuregehalts stärker ausdehnen als Massen mit z. B. Fruchtpüree, Joghurt oder Sahne, die eine höhere Dichte haben.

Alkoholhaltiges Eis am Stiel

Da Alkohol einen niedrigeren Gefrierpunkt hat als Wasser, sollten Alkoholika in Eismischungen nur sparsam eingesetzt werden. Alkoholhaltiges Eis am Stiel ist mit nebenstehendem Symbol gekennzeichnet und sollte Erwachsenen vorbehalten bleiben.

AB 18 ERST

Eis aus der Form lösen

Man kann die Förmchen einige Sekunden in warmes Wasser tauchen und das Eis dann am Stiel vorsichtig herausziehen. Alternativ kann man die Förmchen in ein mit heißem Wasser getränktes Tuch einschlagen, bis sich das Eis leicht herausziehen lässt.

„Beschränken Sie sich nicht auf die Rezepte in diesem Buch … Lassen Sie Ihrer Fantasie und Ihren persönlichen Vorlieben freien Lauf und experimentieren Sie mit Ihren eigenen Mischungen."

Frisch & fruchtig

Erdbeererlebnis

Ergibt: 8 Stück

Zubereiten: 10 Minuten

Gefrieren: 6–8 Stunden

Haltbar: 3 Monate

Kinder sind ganz verrückt nach diesem erfrischenden, knallroten Wassereis, vor allem wenn es in lustigen Formen wie in diesen Raketen daherkommt.

- **400 ml Cranberrysaft**
- **1 TL fein abgeriebene Orangenschale**
- **250 ml Läuterzucker (siehe Seite 4)**
- **6 große Erdbeeren, geputzt und in feine Scheiben geschnitten**

1. Cranberrysaft, Orangenschale und Läuterzucker in einem Rührbecher sorgfältig mischen.

2. Die Hälfte der Mischung in acht Eisförmchen (à 100 ml) füllen. (Die restliche Mischung abgedeckt im Kühlschrank aufbewahren.)

3. Die Hälfte der Erbeerscheiben gleichmäßig auf die Förmchen verteilen. (Die restlichen Scheiben abgedeckt im Kühlschrank aufbewahren.) Die Stiele hineinstecken (siehe Seite 6) und die Masse 3–4 Stunden gefrieren, bis sie fest ist.

4. Die restliche Cranberrymischung und die Erdbeeren hineingeben. Weitere 3–4 Stunden gefrieren, bis die zweite Schicht ebenfalls fest ist.

5. Um das Eis herauszulösen, die Förmchen einige Sekunden in warmes Wasser tauchen und das Eis vorsichtig am Stiel herausziehen.

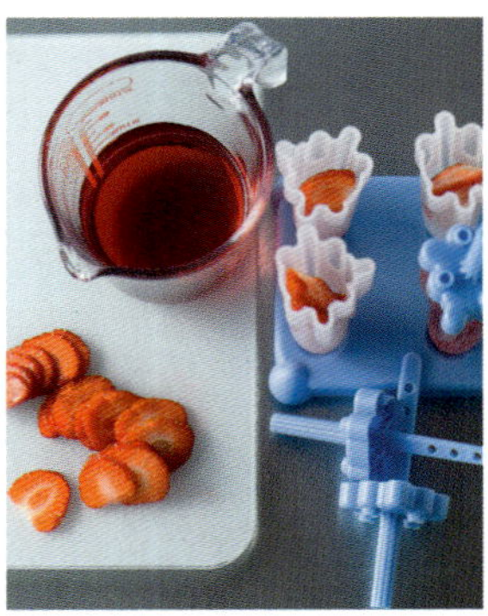

Blaubeer-Bomben

Ergibt: 8 Stück
Zubereiten: 10 Minuten
Gefrieren: 4–5 Stunden
Haltbar: 3 Monate

Dieses „bombige" Eis mit ganzen Beeren ist ideal für einen heißen Sommertag. Für etwas Abwechslung können Sie auch mal andere Sommerbeeren verwenden.

- **500 ml rosa oder rote Limonade, gekühlt**
- **Saft von ½ Zitrone**
- **100 ml Läuterzucker (siehe Seite 4)**
- **150 g Blaubeeren**

1. Limonade, Zitronensaft und Läuterzucker in einem Rührbecher sorgfältig mischen.

2. Die Blaubeeren gleichmäßig auf acht Eisförmchen (à 100 ml) verteilen.

3. Mit der Limonadenmischung auffüllen. Dann die Stiele hineinstecken (siehe Seite 6) und die Masse 4–5 Stunden gefrieren, bis das Eis fest ist.

4. Um das Eis herauszulösen, die Förmchen einige Sekunden in warmes Wasser tauchen und dann vorsichtig am Stiel herausziehen.

Sommerliches Melonen-Medley

Ergibt: 8 Stück
Zubereiten: 10 Minuten
Gefrieren: 8 Stunden
Haltbar: 3 Monate

Herrlich erfrischend und voller sommerlicher Fruchtaromen – wenn es richtig heiß ist, werden diese Melonen-Eispops bei allen ein glückliches Lächeln hervorzaubern.

- **Saft und fein abgeriebene Schale von 1 Limette**
- **100 ml Läuterzucker (siehe Seite 4)**
- **175 g Wassermelonenfleisch, entkernt und grob gehackt**
- **175 g Zuckermelonenfleisch, entkernt und grob gehackt**

1. Limettensaft und -schale mit dem Läuterzucker in einem Rührbecher sorgfältig mischen.

2. Das Wassermelonenfleisch mit der Hälfte des Limettensirups im Mixer oder mit dem Stabmixer glatt pürieren. In acht Eisförmchen (à 60 ml) füllen und 4 Stunden gefrieren, bis die Masse fest ist.

3. Das Zuckermelonenfleisch mit dem restlichen Limettensirup im Mixer oder mit dem Stabmixer glatt pürieren und in die Förmchen füllen. Die Stiele hineinstecken (siehe Seite 6) und die Masse 4 Stunden gefrieren, bis die zweite Schicht ebenfalls fest ist.

4. Um das Eis herauszulösen, die Förmchen einige Sekunden in warmes Wasser tauchen und das Eis vorsichtig am Stiel herausziehen.

Jamaika-Eis

Ergibt: 8 Stück
Zubereiten: 15 Minuten
Gefrieren: 6 Stunden
Haltbar: 3 Monate

In den leuchtenden Farben reifer, saftiger Pfirsiche, Erdbeeren und Kiwis stecken die vollen Aromen des Sommers.

- 200 g Erdbeeren, geputzt
- 90 ml Läuterzucker (siehe Seite 4)
- 250 g vollreife Pfirsiche, gehäutet, entsteint und grob gehackt (oder 200 g abgetropfte Früchte aus der Dose)
- 4 große Kiwis, geschält und grob gehackt

1. Die Erdbeeren im Mixer oder mit dem Stabmixer glatt pürieren und 30 ml Läuterzucker unterrühren. In acht Eisförmchen (à 100 ml) füllen und 2 Stunden gefrieren, bis die Masse fest ist.

2. Die Pfirsiche im Mixer oder mit dem Stabmixer glatt pürieren. Ebenfalls 30 ml Läuterzucker unterrühren und in die Förmchen füllen. Die Stiele hineinstecken (siehe Seite 6) und die Masse 2 Stunden gefrieren, bis sie fest ist.

3. Die Kiwis im Mixer oder mit dem Stabmixer glatt pürieren und den restlichen Läuterzucker unterrühren. In die Förmchen füllen und 2 Stunden gefrieren, bis die dritte Schicht ebenfalls fest ist.

4. Um das Eis herauszulösen, die Förmchen einige Sekunden in warmes Wasser tauchen und das Eis vorsichtig am Stiel herausziehen.

Kirsch-Johannisbeer-Pops

Ergibt: 8 Stück

Zubereiten: 20 Minuten

Gefrieren: 4–5 Stunden

Haltbar: 3 Monate

Wenn man Johannisbeeren mit Zucker und Zitronenschale erhitzt, wird das Aroma der Beeren intensiviert – die perfekte Ergänzung zu der cremigen Kirschmischung.

- 200 g schwarze Johannisbeeren
- 50 g Feinstzucker
- geriebene Schale von ½ Zitrone
- 75 ml Wasser
- 100 g Kirschkonfitüre
- 200 g Kirschjoghurt

1. Johannisbeeren, Zucker, Zitronenschale und Wasser in einen Topf geben und bei kleiner bis mittlerer Hitze 6–8 Minuten rühren, bis sich der Zucker vollständig aufgelöst hat. Die Hitze erhöhen, bis die Masse kocht, dann wieder auf mittlere Stufe reduzieren und 5–6 Minuten unter gelegentlichem Rühren köcheln lassen. Abgedeckt vollständig erkalten lassen (etwa 1 Stunde).

2. Die Johannisbeeren im Mixer oder mit dem Stabmixer glatt pürieren und in eine große Schüssel füllen.

3. Die Kirschkonfitüre und den Joghurt in einer zweiten Schüssel glatt rühren. Mit einem Holzspieß vorsichtig unter das Johannisbeerpüree ziehen, sodass ein marmorierter Effekt entsteht.

4. Die Mischung in acht Eisförmchen (à 100 ml) füllen, die Stiele hineinstecken (siehe Seite 6) und die Masse 4–5 Stunden gefrieren, bis die Eispops fest sind.

5. Um das Eis herauszulösen, die Förmchen einige Sekunden in warmes Wasser tauchen und die Eispops vorsichtig am Stiel herausziehen.

Brombeer-Orangen-Erfrischung

Ergibt: 8 Stück
Zubereiten: 10 Minuten
Gefrieren: 4–5 Stunden
Haltbar: 3 Monate

Die Kombination von süßen, schwarzroten Brombeeren und fruchtig-säuerlichem Blutorangensaft hat geschmacklich wie optisch das Potenzial, das Lieblingseis zu werden.

- 50 ml Blutorangensaft
- 100 ml Läuterzucker (siehe Seite 4)
- 300 g Brombeeren

1. Blutorangensaft und Läuterzucker in einem Rührbecher sorgfältig mischen.
2. Die Brombeeren gleichmäßig auf acht Eisförmchen (à 100 ml) verteilen.
3. Mit dem Blutorangensaft auffüllen. Dann die Stiele hineinstecken (siehe Seite 6) und die Masse 4–5 Stunden gefrieren, bis das Eis fest ist.
4. Um das Eis herauszulösen, die Förmchen einige Sekunden in warmes Wasser tauchen und das Eis vorsichtig am Stiel herausziehen.

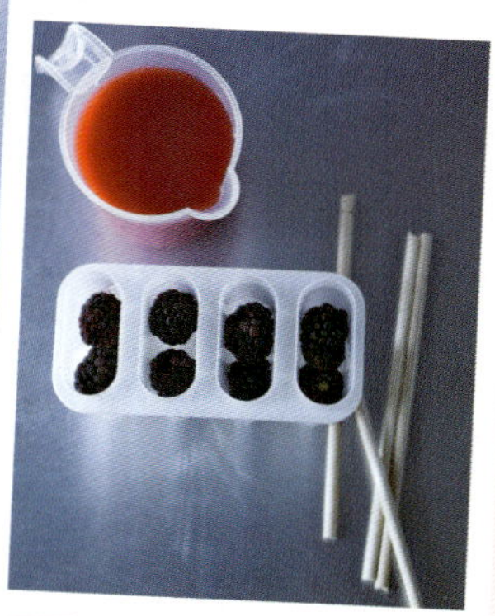

Herrlich cremig

Pfirsich-Sahne-Eis

Ergibt: 8 Stück
Zubereiten: 15 Minuten
Gefrieren: 6–7 Stunden
Haltbar: 3 Monate

Für dieses Eis sollten Sie möglichst vollreife, saftige Pfirsiche verwenden. Das fruchig-sahnige Eis ist ein Hochgenuss für Jung und Alt.

- 150 g Sahne, leicht aufgeschlagen
- 2 EL Puderzucker
- 5 Tropfen Vanillearoma
- 550 g vollreife Pfirsiche, gehäutet, entsteint und grob gehackt (oder 500 g abgetropfte Pfirsiche aus der Dose)
- 100 ml Läuterzucker (siehe Seite 4)

1. Sahne, Puderzucker und Vanillearoma in einem Rührbecher sorgfältig mischen.
2. Die Mischung in acht Eisförmchen (à 100 ml) füllen und 2 Stunden gefrieren, bis sie fest ist.
3. Die Pfirsiche zusammen mit dem Läuterzucker im Mixer oder mit dem Stabmixer glatt pürieren.
4. Dann auch das Püree in die Förmchen füllen. Die Stiele hineinstecken (siehe Seite 6) und die Masse 4–5 Stunden gefrieren, bis das Eis fest ist.
5. Um das Eis herauszulösen, die Förmchen einige Sekunden in warmes Wasser tauchen und das Eis vorsichtig am Stiel herausziehen.

Mango-Vanille-Erdbeer-Eis

Ergibt: 8 Stück
Zubereiten: 20 Minuten
Gefrieren: 6–8 Stunden
Haltbar: 3 Monate

Dieses farbenfrohe Eis mit zwei fruchtigen und einer cremigen Schicht steckt voller Aromen und Texturen. Mango und Erdbeer sind die perfekte Ergänzung für die Vanillejoghurt-Creme.

- **300 ml Mangomark**
- **9 EL flüssiger Honig**
- **300 g Vanillejoghurt**
- **10 Tropfen Vanillearoma**
- **300 g Erdbeeren, geputzt**

1. Mangopüree und 3 Esslöffel Honig in einem Rührbecher sorgfältig mischen.

2. In acht Eisförmchen (à 100 ml) füllen und etwa 2 Stunden gefrieren, bis die Masse fest ist.

3. Joghurt, Vanillearoma und 3 Esslöffel Honig in einer Schüssel sorgfältig verrühren und in die Förmchen füllen. Die Stiele hineinstecken (siehe Seite 6) und die Masse 2–3 Stunden gefrieren, bis die zweite Schicht fest ist.

4. Die Erdbeeren mit dem restlichen Honig im Mixer oder mit dem Stabmixer glatt pürieren. Durch ein feines Haarsieb streichen, um die Nüsschen zu entfernen. In die Förmchen füllen und die Masse dann 2–3 Stunden gefrieren, bis das Eis fest ist.

5. Um das Eis herauszulösen, die Förmchen einige Sekunden in warmes Wasser tauchen und dann vorsichtig am Stiel herausziehen.

Prinz Pfefferminz

Ergibt: 8 Stück
Zubereiten: 25 Minuten
Abkühlen: 1 Stunde
Gefrieren: 6–8 Stunden
Haltbar: 3 Monate

AB 18 ERST

Für eine kinderfreundliche Version dieses erfrischenden Schoko-Pfefferminz-Eises lassen Sie den Crème de Menthe einfach weg und ersetzen Sie die Zartbitter- durch Vollmilchschokolade.

- 2 EL Crème de Menthe
- 250 ml Läuterzucker (siehe Seite 4)
- 500 ml Wasser
- 1 kleine Handvoll frische Minzeblätter, fein gehackt
- 2–3 Tropfen Lebensmittelfarbe in Grün
- 200 g Zartbitterschokolade, grob gehackt

1. Crème de Menthe, Läuterzucker und Wasser in einen Topf geben und bei mittlerer bis starker Hitze unter Rühren zum Kochen bringen. Abgedeckt vollständig erkalten lassen (etwa 1 Stunde).

2. Minzeblätter und Lebensmittelfarbe unterrühren. Die Mischung in acht Eisförmchen (à 80 ml) füllen. Die Stiele hineinstecken (siehe Seite 6) und die Masse 4 Stunden gefrieren, bis das Eis fest ist.

3. Ein Backblech mit Backpapier belegen. Um das Eis herauszulösen, die Förmchen einige Sekunden in warmes Wasser tauchen und dann vorsichtig am Stiel herausziehen. Das Eis auf das Backblech setzen und weitere 1–2 Stunden gefrieren.

4. Die Schokolade in eine hitzebeständige Schüssel geben, auf einen Topf mit köchelndem Wasser setzen und schmelzen. Dann etwas abkühlen lassen.

5. Das Eis etwa ein Drittel in die Schokolade tauchen. Auf das Backblech setzen und 1–2 Stunden gefrieren, bis die Schokolade fest ist.

Joghurt-Himbeer-Eis

Ergibt: 8 Stück
Zubereiten: 20 Minuten
Gefrieren: 4–5 Stunden
Haltbar: 3 Monate

Mit der klassischen Kombination aus Himbeeren und Sahne ist man immer auf der sicheren Seite. In dieser fettärmeren Version kommt Vanillejoghurt zum Einsatz.

- **200 g Himbeeren**
- **100 ml Läuterzucker (siehe Seite 4)**
- **500 g Vanillejoghurt**
- **10 Tropfen Vanillearoma**

1. Himbeeren und Läuterzucker im Mixer oder mit dem Stabmixer glatt pürieren. Durch ein feines Haarsieb in eine Schüssel streichen, um die Kerne zu entfernen.

2. Joghurt und Vanillearoma in einer Schüssel verrühren. Das Himbeerpüree mit einem Holzspieß vorsichtig unterziehen, sodass ein marmorierter Effekt entsteht.

3. In acht Eisförmchen (à 100 ml) füllen. Die Stiele hineinstecken (siehe Seite 6) und die Masse dann 4–5 Stunden gefrieren, bis sie fest ist.

4. Um das Eis herauszulösen, die Förmchen einige Sekunden in warmes Wasser tauchen und das Eis vorsichtig am Stiel herausziehen.

Himmlische Schokosünden

Ergibt: 8 Stück

Zubereiten: 15 Minuten

Abkühlen: 10–12 Minuten

Gefrieren: 3–4 Stunden

Haltbar: 3 Monate

Mit diesem dreifachen cremigen Schokoladengenuss landen Sie bei Eis- und Schokoladenliebhabern bestimmt einen absoluten Volltreffer.

- **300 g Schlagsahne**
- **100 g Zartbitterschokolade, grob gehackt**
- **100 g weiße Schokolade, grob gehackt**
- **100 g Vollmilchschokolade, grob gehackt**

1. Die Sahne zu gleichen Teilen in drei kleine Töpfe geben und jeweils die Schokoladensorten zugeben.

2. Unter Rühren sanft erhitzen, bis die Schokoladensorten geschmolzen sind. Vom Herd nehmen und 10–12 Minuten abkühlen lassen.

3. Erst die Zartbittermischung in acht Eisförmchen (à 50 ml) füllen. Dann die weiße Mischung langsam daraufgießen. Zuletzt vorsichtig die Milchschokoladenmischung einfüllen. Die Stiele hineinstecken (siehe Seite 6) und die Masse dann 3–4 Stunden gefrieren, bis das Eis fest ist.

4. Um das Eis herauszulösen, die Förmchen einige Sekunden in warmes Wasser tauchen und dann vorsichtig am Stiel herausziehen.

Bananen-Split-Lollis

Ergibt: 8 Stück

Zubereiten: 25 Minuten

Gefrieren: 6½ Stunden

Haltbar: 3 Monate

Der leckere Überzug aus feinherber Schokolade und aromatischen Kokosraspeln ist die perfekte Ergänzung zum cremigen Bananeneis.

- 4 Bananen
- 6 EL Puderzucker
- 2 EL Kokoscreme
- 100 g Vanillejoghurt
- 400 g Zartbitterschokolade, grob gehackt
- 100 g Kokosraspel, zum Dekorieren

1. Die Bananen schälen. Mit Puderzucker, Kokoscreme und Joghurt im Mixer oder auch mit dem Stabmixer glatt pürieren. Die Mischung in acht Eisförmchen (à 60 ml) füllen. Die Stiele hineinstecken (siehe Seite 6) und die Masse 4 Stunden gefrieren, bis sie fest ist.

2. Ein Backblech mit Backpapier belegen. Um das Eis herauszulösen, die Förmchen einige Sekunden in warmes Wasser tauchen und die Eislollis vorsichtig am Stiel herausziehen. Auf das Backblech setzen und weitere 1–2 Stunden gefrieren.

3. Die Schokolade in eine hitzebeständige Schüssel geben, auf einen Topf mit köchelndem Wasser setzen und unter Rühren schmelzen. Dann etwas abkühlen lassen.

4. Die Eislollis ganz in die Schokolade eintauchen und mit den Kokosraspeln bestreuen. Auf das Backblech setzen und 10–20 Minuten gefrieren, bis die Schokolade fest ist.

Exotisch & spritzig

Limetten-Chili-Sorbet-Lollis

Ergibt: 8 Stück
Zubereiten: 15 Minuten
Abkühlen: 1 Stunde
Gefrieren: 5–6 Stunden
Haltbar: 3 Monate

Diese kleinen Lollis sind eine Variation des klassischen Zitronensorbets. Die fein gehackte Chili sorgt nicht nur für Farbtupfen, sondern auch für pikante Schärfe. Dosieren Sie die Menge nach eigenem Geschmack.

- 100 g Feinstzucker
- 1 frische rote Chili, entkernt und sehr fein gehackt
- 400 ml Wasser
- 4 große Limetten
- 8 dünne Scheiben von 1 Limette

1. Zucker, Chili und Wasser in einen Topf geben und bei kleiner bis mittlerer Hitze 6–8 Minuten rühren, bis sich der Zucker vollständig aufgelöst hat. Die Hitze erhöhen und den Sirup zum Kochen bringen. Dann sofort vom Herd nehmen.

2. Die Schale von 2 Limetten fein abreiben und in den Sirup geben. Abgedeckt vollständig erkalten lassen (etwa 1 Stunde).

3. Alle 4 Limetten auspressen und den Saft in den Sirup rühren.

4. Die Mischung in acht Eisförmchen (à 80 ml) füllen und mit den Limettenscheiben bedecken. Die Stiele durch die Mitte der Limettenscheiben hineinstecken (siehe Seite 6) und die Masse 5–6 Stunden gefrieren, bis die Eislollis fest sind.

5. Um das Eis herauszulösen, die Förmchen einige Sekunden in warmes Wasser tauchen und die Eislollis vorsichtig am Stiel herausziehen.

Wassermelonen-Chillout-Lollis

Ergibt: 8 Stück
Zubereiten: 10 Minuten
Gefrieren: 6 Stunden
Haltbar: 3 Monate

Feinwürziges Basilikum und süße Wassermelone heißt die ungewöhnliche, aber tolle Kombination für dieses erfrischende, herrlich rote Eisdessert.

- 500 g Wassermelonenfruchtfleisch, entkernt und gehackt
- 100 ml Läuterzucker (siehe Seite 4)
- 1 EL sehr fein gehacktes frisches Basilikum
- fein abgeriebene Schale von 1 Limette
- 16 kleine frische Basilikumblätter

1. Wassermelone, Läuterzucker, gehacktes Basilikum und Limettenschale im Mixer oder mit dem Stabmixer glatt pürieren.

2. Je 2 Basilikumblätter in acht Eisförmchen (à 80 ml) geben und die Wassermelonenmischung einfüllen. Die Stiele hineinstecken (siehe Seite 6) und die Masse 6 Stunden gefrieren, bis die Eislollis fest sind.

3. Um das Eis herauszulösen, die Förmchen einige Sekunden in warmes Wasser tauchen und die Eislollis vorsichtig am Stiel herausziehen.

Würziges Pflaumeneis

Ergibt: 8 Stück
Zubereiten: 15 Minuten
Abkühlen: 30 Minuten
Gefrieren: 5 Stunden
Haltbar: 3 Monate

Diese Mischung aus Pflaumen und warmen Gewürzen strotzt nur so vor spätsommerlichen Aromen.

- 400 g reife Pflaumen, halbiert, entsteint und in Streifen
- 1 TL Zimt
- 1 Prise gemahlene Gewürznelke
- 1 Prise gemahlener Sternanis
- 75 g Feinstzucker
- 100 ml Wasser
- Saft von 1 Orange
- 8 Zimtstangen

1. Pflaumen, Zimt, Gewürznelke und Sternanis, Zucker und Wasser in einen Topf geben und bei mittlerer bis starker Hitze 6–8 Minuten rühren, bis sich der Zucker vollständig aufgelöst hat. Die Hitze erhöhen, bis das Kompott kocht, dann wieder auf mittlere Stufe reduzieren und 4–5 Minuten unter gelegentlichem Rühren köcheln lassen.

2. Das Kompott in einen Rührbecher füllen. Den Orangensaft unterrühren und alles mit dem Stabmixer glatt pürieren. Vollständig erkalten lassen.

3. Die Mischung in acht Eisförmchen (à 50 ml) füllen. Die Zimtstangen als Stiele hineinstecken (siehe Seite 6) und die Masse 5 Stunden gefrieren, bis das Eis fest ist.

4. Um das Eis herauszulösen, die Eisförmchen einige Sekunden in warmes Wasser tauchen und dann vorsichtig am Stiel herausziehen.

Kokos-Passionsfrucht-Eis

Ergibt: 8 Stück
Zubereiten: 15 Minuten
Abkühlen: 1 Stunde
Gefrieren: 5–7 Stunden
Haltbar: 3 Monate

In diesem erfrischenden und cremigen Eis bilden die tropischen Aromen von Ananas, Passionsfrucht und Kokos eine fast natürliche Allianz.

- **Saft und Mark von 5 Passionsfrüchten (etwa 150 ml)**
- **250 ml Läuterzucker (siehe Seite 4)**
- **100 g Ananasfleisch, gehackt**
- **175 g Kokoscreme**
- **150 g Schlagsahne**

1. Passionsfruchtsaft und -mark mit der Hälfte des Läuterzuckers in einen Topf geben und bei mittlerer bis starker Hitze unter Rühren zum Kochen bringen. Vom Herd nehmen und abgedeckt vollständig erkalten lassen.

2. Die Masse in acht Eisförmchen (à 100 ml) füllen und 2–3 Stunden gefrieren, bis sie fest ist.

3. Ananas, Kokoscreme, Sahne und restlichen Läuterzucker im Mixer oder mit dem Stabmixer relativ glatt pürieren und in die Förmchen füllen. Die Stiele hineinstecken (siehe Seite 6) und die Masse 3–4 Stunden gefrieren, bis die zweite Schicht ebenfalls fest ist.

4. Um das Eis herauszulösen, die Förmchen einige Sekunden in warmes Wasser tauchen und das Eis vorsichtig am Stiel herausziehen.

Chai-Latte-Eis

Ergibt: 8 Stück
Zubereiten: 15 Minuten
Abkühlen: 1½ Stunde
Gefrieren: 5–6 Stunden
Haltbar: 3 Monate

Der trendige indische Milchtee mit den warm-würzigen Aromen findet bestimmt auch in gefrorener Form viele Anhänger!

- 200 ml Milch
- 1 Sternanis
- 10 Gewürznelken
- 3 Zimtstangen
- 10 weiße Pfefferkörner
- 6 Kardamomkapseln, leicht zerdrückt
- 300 ml Wasser
- 2 EL schwarze Teeblätter (Ceylon oder English Breakfast)
- 100 ml gesüßte Kondensmilch

1. Milch, alle Gewürze und Wasser in einen Topf geben und bei mittlerer bis starker Hitze unter Rühren zum Kochen bringen. Den Topf vom Herd nehmen, Milchmischung 40–50 Minuten ziehen und abkühlen lassen.

2. Die Milchmischung unter Rühren erneut zum Kochen bringen und die Teeblätter zufügen. Den Topf wieder vom Herd nehmen, gut rühren und weitere 10–15 Minuten ziehen lassen.

3. Die Milchmischung durch ein feines Haarsieb in einen Rührbecher passieren. Die Kondensmilch unterrühren und vollständig erkalten lassen. Teeblätter und Gewürze entsorgen.

4. In acht Eisförmchen (à 80 ml) füllen. Die Stiele hineinstecken (siehe Seite 6) und die Masse dann 5–6 Stunden gefrieren, bis das Eis fest ist.

5. Um das Eis herauszulösen, die Förmchen einige Sekunden in warmes Wasser tauchen und das Eis vorsichtig am Stiel herausziehen.

Cappuccino-Pops

Ergibt: 8 Stück
Zubereiten: 15 Minuten
Abkühlen: 30 Minuten
Gefrieren: 4–5 Stunden
Haltbar: 3 Monate

Frisch aufgebrühter Kaffee wertet jedes Eisdessert mit seinem wunderbaren, feinherben Aroma auf. Eine Alternative, wenngleich weniger aromatisch, ist Instantkaffee.

- **150 ml gesüßte Kondensmilch**
- **100 g Schlagsahne**
- **600 ml Espresso, zimmerwarm**
- **1 EL Kakaopulver**

1. 50 ml Kondensmilch mit der Sahne in einen Rührbecher füllen und halb steif aufschlagen.
2. In acht Eisförmchen (à 100 ml) füllen und dann 2 Stunden gefrieren, bis die Masse fest ist.
3. Inzwischen die restliche Kondensmilch mit Kaffee und Kakao in einer Schüssel sorgfältig verrühren.
4. In die Förmchen füllen, die Stiele hineinstecken (siehe Seite 6) und die Masse 4–5 Stunden gefrieren, bis die Eispops fest sind.
5. Um das Eis herauszulösen, die Förmchen einige Sekunden in warmes Wasser tauchen und die Eispops vorsichtig am Stiel herausziehen.

Cocktails am Stiel

Strawberry-Margarita-Pops

Ergibt: 8 Stück

Zubereiten: 10 Minuten

Gefrieren: 6–8 Stunden

Haltbar: 3 Monate

Voll fruchtig und mit leichtem Kick – diese kräftig roten, erfrischenden Eispops bringen Schwung in jede Party.

- 500 g Erdbeeren, geputzt und gehackt
- 100 ml Läuterzucker (siehe Seite 4)
- Saft und fein abgeriebene Schale von 1 Limette
- 2 EL Tequila
- 1 EL Cointreau
- 1 Prise Salz
- 150 ml Wasser
- 25 g Feinstzucker, zum Servieren

1. Alle Zutaten bis auf den Zucker im Mixer oder mit dem Stabmixer glatt pürieren.

2. Die Mischung in acht Eisförmchen (à 100 ml) füllen. Die Stiele hineinstecken (siehe Seite 6) und die Masse 6–8 Stunden gefrieren, bis die Eispops fest sind.

3. Um das Eis herauszulösen, die Förmchen einige Sekunden in warmes Wasser tauchen und die Eispops vorsichtig am Stiel herausziehen.

4. Vor dem Servieren den Zucker auf einen Teller streuen und das Eis darin wenden.

Peach-Bellini-Eis

Ergibt: 8 Stück
Zubereiten: 15 Minuten
Gefrieren: 8–10 Stunden
Haltbar: 3 Monate

Dieses fruchtig beschwingte Eisdessert mit dem feinen Pfirsicharoma ist die ultimative geschmackliche Erinnerung an den letzten Italienurlaub. Ihre Gäste werden mehr davon wollen.

- **2 vollreife Pfirsiche, gehäutet, entsteint und klein gewürfelt**
- **2 EL Pfirsichlikör**
- **300 ml Prosecco**
- **250 ml Läuterzucker (siehe Seite 4)**

1. Die Pfirsiche auf acht Eisförmchen oder Sektgläser (à 100 ml) aufteilen.
2. Likör, Prosecco und Läuterzucker in einem Rührbecher sorgfältig mischen.
3. In die Förmchen füllen und die Masse dann 8–10 Stunden gefrieren, bis das Eis fest ist.
4. Um das Eis herauszulösen, die Förmchen einige Sekunden in warmes Wasser tauchen und das Eis vorsichtig am Stiel herausziehen.

Mojito Pops

Ergibt: 8 Stück
Zubereiten: 15 Minuten
Gefrieren: 10-12 Stunden
Haltbar: 3 Monate

Genießen Sie einen der beliebtesten Cocktails – in fester Form! Damit lässt sich wunderbar chillen. Für eine kinderfreundliche Variante lassen Sie einfachen den Rum weg.

- Saft von 6 Limetten
- 600 ml gekühltes Sodawasser
- 50 g frische Minzeblätter
- 3 Limetten, in Spalten geschnitten
- 100 g Feinstzucker
- 2 EL weißer Rum

1. Limettensaft und Sodawasser in einem Rührbecher sorgfältig mischen.

2. Minzeblätter, Limettenspalten, Zucker und Rum untermischen. Mit einem Stößel, einem dicken Holzlöffel oder Kartoffelstampfer sorgfältig zerdrücken.

3. In acht Eisförmchen (à 80 ml) füllen. Limetten-Minze-Mischung gleichmäßig darauf aufteilen. Die Stiele hineinstecken (siehe Seite 6) und die Masse 10–12 Stunden gefrieren, bis die Eispops fest sind.

4. Um das Eis herauszulösen, die Förmchen einige Sekunden in warmes Wasser tauchen und die Eispops vorsichtig am Stiel herausziehen.

Piña-Colada-Lollis

Ergibt: 8 Stück
Zubereiten: 15 Minuten
Gefrieren: 6–8 Stunden
Haltbar: 3 Monate

Die kühlende, erfrischende Verbindung von Ananas, Kokosnuss und Rum wird alle erwachsenen Eisliebhaber erfreuen. Die perfekte Art, der Sommerhitze zu begegnen, und viel zu lecker, als dass man widerstehen könnte.

- **600 g Ananasfleisch, klein gewürfelt**
- **200 ml Kokosmilch**
- **6 EL Feinstzucker**
- **2 EL Malibu (Kokoslikör)**

1. Je 1 Esslöffel Ananaswürfel in acht Eisförmchen (à 80 ml) füllen.

2. Die restliche Ananas mit Kokosmilch, Zucker und Likör im Mixer oder mit dem Stabmixer glatt pürieren.

3. Durch ein feines Haarsieb in eine Schüssel passieren und so viel Flüssigkeit wie möglich ausdrücken. Im Sieb verbliebene Fruchtreste wegwerfen. Die passierte Mischung in die Förmchen füllen. Die Stiele hineinstecken (siehe Seite 6) und die Masse 6–8 Stunden gefrieren, bis die Eislollis fest sind.

4. Um das Eis herauszulösen, die Förmchen einige Sekunden in warmes Wasser tauchen und die Lollis vorsichtig am Stiel herausziehen.

Gin-Tonic-Eis

Ergibt: 8 Stück

Zubereiten: 10 Minuten

Gefrieren: 6–8 Stunden

Haltbar: 3 Monate

Ein kolossal erfrischendes Eis für Erwachsene nach einem heißen Sommertag – ein idealer Sundowner.

- 250 ml Läuterzucker (siehe Seite 4)
- 2 EL Gin
- 400 ml Tonic
- Saft von 1 Limette
- 16 sehr feine, kleine Gurkenscheiben

1. Läuterzucker, Gin, Tonic und Limettensaft in einem Rührbecher sorgfältig mischen.
2. In acht Eisförmchen (à 100 ml) füllen und jeweils 2 Gurkenscheiben hineingeben. Die Stiele hineinstecken (siehe Seite 6) und die Masse 6–8 Stunden gefrieren, bis das Eis fest ist.
3. Um das Eis herauszulösen, die Förmchen einige Sekunden in warmes Wasser tauchen und dann vorsichtig am Stiel herausziehen.

Cosmopolitan-Pops

Ergibt: 8 Stück
Zubereiten: 10 Minuten
Gefrieren: 8–10 Stunden
Haltbar: 3 Monate

Servieren Sie diese farbenfrohen Cocktails am Stiel nach einem mehrgängigen Sommeressen. Holen Sie sie erst in letzter Sekunde aus dem Gefrierfach und servieren Sie sie auf einem Teller mit zerstoßenem Eis.

- **250 ml Läuterzucker (siehe Seite 4)**
- **500 ml Cranberrysaft**
- **2 EL Wodka**
- **1 EL Cointreau**
- **Saft von 1 Limette**
- **fein abgeriebene Schale von 1 Klementine**

1. Alle Zutaten in einem Rührbecher sorgfältig mischen.

2. In acht Eisförmchen (à 100 ml) füllen. Die Stiele hineinstecken (siehe Seite 6) und die Masse dann 8–10 Stunden gefrieren, bis das Eis fest ist.

3. Um das Eis herauszulösen, die Förmchen einige Sekunden in warmes Wasser tauchen und das Eis vorsichtig am Stiel herausziehen

Register